SCM

Stiftung Christliche Medien

Gesamtgestaltung: Miriam Gamper-Brühl, Essen, www.dko-design.de
Druck und Bindung: Golden House Products
Gedruckt in China
ISBN 978-3-7893-9599-4
Bestell-Nr. 629.599

Silke Gabrisch

Von Herzen, Gott

Himmlische Briefe für dich

SCM Collection

Als es am Abend kühl wurde, hörten sie Gott,
den Herrn, im Garten umhergehen.
Da versteckten sie sich zwischen den Bäumen.
Gott, der Herr, rief nach Adam: ***„Wo bist du?“***
Dieser antwortete: „Als ich deine Schritte im Garten hörte,
habe ich mich versteckt.
Ich hatte Angst, weil ich nackt bin.“

1. Mose 3,8-10

Besteht deine Begabung darin, anderen zu dienen, dann diene ihnen gut. Bist du zum Lehren berufen, dann sei ein guter Lehrer. Wenn du die Gabe hast, andere zu ermutigen, dann mach es auch! Wer Geld hat, soll es aus freien Stücken und ehrlich mit anderen teilen. Hat Gott dir die Fähigkeit verliehen, andere zu leiten, dann nimm diese Verantwortung ernst. Und wenn du die Begabung hast, dich um andere, die es nötig haben, zu kümmern, sollst du es mit fröhlichem Herzen tun.

Römer 12,7-8

„Ich kann nicht mit ansehen, wie mein Sohn stirbt!“,
seufzte sie und brach in Tränen aus.
Aber Gott hörte das Schreien des Jungen und der Engel Gottes
rief Hagar vom Himmel aus zu: „Hagar, ***was ist mit dir?*** Hab keine Angst!
Gott hat das Weinen deines Sohnes gehört, der dort liegt.“

1. Mose 21,16-17

Da nannte Hagar den Herrn,
der zu ihr gesprochen hatte, El-Roï.
Denn sie sagte:
„Ich habe den gesehen,
der mich sieht!“

1. Mose 16,13

Maria stand weinend draußen vor dem Grab. […] Sie blickte über ihre Schulter zurück
und sah jemanden hinter sich stehen. Es war Jesus, aber sie erkannte ihn nicht.
„Warum weinst du?“, fragte Jesus sie. „Wen suchst du?“
Sie dachte, er sei der Gärtner. „Herr“, sagte sie, „wenn du ihn weggenommen hast,
sag mir, wo du ihn hingebracht hast; dann gehe ich ihn holen.“
„Maria!“, sagte Jesus.
Sie drehte sich um zu ihm und rief aus: „Meister!“

Johannes 20,11.14-16

Gott flüstert in unseren Freuden,
er spricht in unserem Gewissen;
in unseren Schmerzen aber ruft er laut.
Sie sind sein Megaphon,
eine taube Welt aufzuwecken.

C.S. Lewis

Du zählst alle meine Klagen und sammelst
alle meine Tränen in einem Gefäß,
ja, du hast jede einzelne in deinem Buch festgehalten.
An dem Tag, an dem ich dich zu Hilfe rufe,
werden meine Feinde sich zurückziehen.
Denn eines weiß ich: dass du, Gott, auf meiner Seite stehst.

Psalm 56,9-10

Plötzlich kam ein schrecklicher Sturm auf
und die gewaltigen Wellen schlugen ins Boot. Doch Jesus schlief.
Schließlich weckten ihn die Jünger. „Herr, rette uns!“,
riefen sie aufgeregt. „Wir sinken!“
Doch Jesus antwortete: ***„Warum habt ihr Angst?*** Ist euer Glaube denn so klein?“
Und er stand auf und drohte dem Wind und den Wellen,
und augenblicklich war alles wieder ruhig.

Matthäus 8,24-26

Das habe ich mit euch geredet,
damit ihr in mir Frieden habt.
In der Welt habt ihr Angst; aber seid getrost,
ich habe die Welt überwunden.

Johannes 16,33 (LUT)

Nicht unserer Hoffnungen werden wir uns einstmals zu schämen haben,
sondern unserer ärmlichen und ängstlichen Hoffnungslosigkeit,
die Gott nicht zutraut, die in falscher Demut nicht zugreift,
wo Gottes Verheißungen gegeben sind.

Dietrich Bonhoeffer

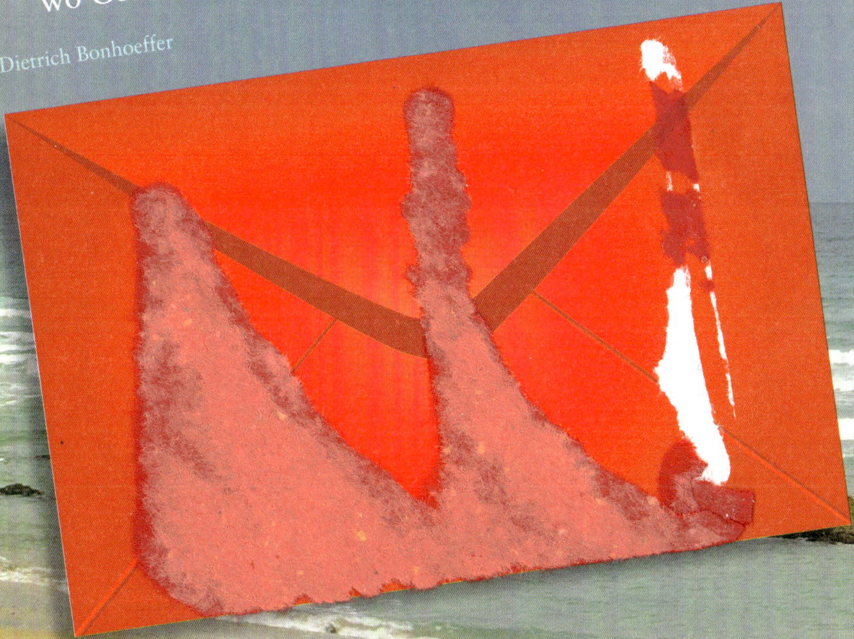

Freu dich am Herrn,
und er wird dir geben,
was dein Herz wünscht.
Psalm 37,4

Als Jesus ihn hörte, blieb er stehen und sagte: „Sagt ihm, er soll herkommen."
Da riefen sie den blinden Mann. „Nur Mut", sagten sie. „Komm, er ruft dich!"
Bartimäus warf seinen Mantel ab, sprang auf und kam zu Jesus.
„Was soll ich für dich tun?", fragte Jesus.
„Rabbuni", sagte der blinde Mann, „ich möchte sehen!"
Da sagte Jesus zu ihm: „Geh nur. Dein Glaube hat dich geheilt."
Und im selben Augenblick konnte der Blinde sehen!

Markus 10,49-52

Bittet, und ihr werdet erhalten. Sucht, und ihr werdet finden.
Klopft an, und die Tür wird euch geöffnet werden. Denn wer bittet, wird erhalten.
Wer sucht, wird finden. Und die Tür wird jedem geöffnet, der anklopft. […]
Wenn ihr glaubt, werdet ihr alles bekommen, worum ihr im Gebet bittet.

Matthäus 7,7-8; 21,22

Nach dem Frühstück sagte Jesus zu Simon Petrus:
„Simon, Sohn des Johannes, liebst du mich mehr als die anderen?"
„Ja, Herr", erwiderte Petrus, „du weißt, dass ich dich lieb habe."
„Dann weide meine Lämmer", sagte Jesus.
Jesus wiederholte die Frage: „Simon, Sohn des Johannes, liebst du mich?"
„Ja, Herr", antwortete Petrus, „du weißt, dass ich dich lieb habe."
„Dann hüte meine Schafe", sagte Jesus.
Noch einmal fragte er ihn: „Simon, Sohn des Johannes, hast du mich lieb?"
Petrus wurde traurig, weil Jesus die Frage zum dritten Mal stellte, und sagte:
„Herr, du weißt alles. Du weißt, dass ich dich lieb habe."
Jesus sagte: „Dann weide meine Schafe."

Johannes 21,15-17

Am See Genezareth fand zwischen Jesus und Petrus ein ganz ungewöhnliches Gespräch statt. Wir hören die bewegende Frage: „Hast du mich lieb?" Wenn wir unsere wirren Zerstreuungen einmal ablegen und aufmerksam hinhören, dann vernehmen wir hier den gequälten Ruf eines Gottes, *wie er nie vorher gehört wurde*. Was geht da vor?

Keine Gottheit irgendeiner Religion hat sich je so weit herabgelassen, uns zu fragen, *was wir für sie empfinden*. Die heidnischen Götter schleudern Blitze und Donner, um ihren Dienern zu zeigen, wer das Sagen hat. Der Rabbi aber, in dem die ganze Unendlichkeit wohnt, fragt, ob uns an ihm liegt. Der Jesus, der einen blutigen, gottverlassenen Tod starb, damit wir leben, fragt uns, *ob wir ihn lieben!* Die etymologische Wurzel des Wortes „Passion" ist das lateinische Wort *passio*, was sowohl „Leiden" wie auch „Leidenschaft" bedeutet. Das Leiden Jesu in seinem Dialog mit Petrus besteht darin, dass er einem anderen gegenüber freiwillig sein Innerstes offenbart und sich von ihm *anrühren* lässt; „es ist das Leiden des leidenschaftlichen Gottes".
Dass Gott sich so verletzlich macht und es zulässt, von unserer Antwort angerührt zu werden, oder dass Jesus Tränen über Jerusalem vergießt, das ihn nicht aufnehmen wollte, ist absolut erstaunlich. Der christliche Glaube besteht nicht in erster Linie in dem, was wir für Gott tun, sondern darin, was Gott für uns tut – in all den großen, wundersamen Dingen, die Gott sich ausgedacht und in Jesus Christus für uns geschaffen hat. Wenn Gott durch die Kraft seines Wortes in unser Leben strömt, dann erwartet er nichts anderes, als dass uns vor Überraschung und Staunen der Mund offen bleibt und wir erst einmal tief Luft holen.

Brennan Manning

Liebst du mich?

Dreimal fragt der Auferstandene den Petrus: „Liebst du mich?“
Dreimal gibt er ihm den Auftrag: „Weide meine Schafe!“
Damit wird uns ein Spiegel vorgehalten.
Denn nicht nur Petrus ist so gefragt worden. Auch uns wird diese Frage gestellt.
Unsere ganze Liebe wollen wir Christus schenken. Nichts soll uns lieber sein.
Er vertraut uns als Hirten seine Schafe an.
Die Liebe zu Christus leite und führe uns bei jeder Arbeit, in jeder Mühsal,
in jeder Sorge und jedem Kummer. Diese Liebe führe uns dahin,
wo es keine Arbeit, kein Stöhnen und Seufzen mehr gibt.
Sie geleite uns dorthin, wo wir die Mächtigen nicht mehr zu fürchten brauchen,
sondern uns am Schauen des Allmächtigen erfreuen.

Augustinus

Dort fand er eine Höhle, in der er die Nacht verbrachte.
Doch der Herr sprach zu ihm: *„Was tust du hier,* Elia?"
Elia antwortete: „Ich habe dem Herrn, Gott, dem Allmächtigen,
von ganzem Herzen gedient. Denn die Israeliten haben ihren Bund mit dir gebrochen,
deine Altäre niedergerissen und deine Propheten getötet.
Ich allein bin übrig geblieben, und jetzt wollen sie auch mich umbringen."
Da sprach der Herr zu ihm: „Geh hinaus und stell dich auf den Berg vor den Herrn,
denn der Herr wird vorübergehen."

1. Könige 19,9-11

Ich vertraue auf den Herrn. Ich freue mich über deine Gnade, denn du hast mein Elend gesehen, und meine Angst ist dir nicht gleichgültig. Du hast mich meinen Feinden nicht ausgeliefert, sondern mich an einen sicheren Ort gebracht.

Psalm 31,7-9

Das Bedürfnis hingeben, unseren eigenen Weg zu gehen – das ist Loslassen.

Richard Foster

Als Jesus in die Gegend von Cäsarea Philippi kam, fragte er seine Jünger: „Für wen halten die Leute den Menschensohn?“ „Nun“, erwiderten sie, „manche sagen, er ist Johannes der Täufer, andere sagen, Elia, und wieder andere halten ihn für Jeremia oder einen der anderen Propheten.“
Daraufhin fragte er sie: ***„Und was meint ihr, wer ich bin?“***
Simon Petrus antwortete: „Du bist der Christus, der Sohn des lebendigen Gottes.“

Matthäus 16,13-16

Jesus spricht: „Ich bin das Alpha und das Omega, der Erste und der Letzte, der Anfang und das Ende.“

Offenbarung 22,13